Lisa

Een vrolijk meisje
van 18 jaar, dat heel
verliefd is.

Bep

Een oude, stokdove
vrouw.

Arie

De kaartjescontroleur
op de tram. Hij is wel
streng, maar ook heel
vrolijk. Ach ... hij moet
wel kaartjes controleren,
maar liever ging hij met
Karel zitten vissen in de
Amstel.

Yama

Een Japanse toeriste,
die de hele tijd giechelt
als ze praat.

Rodney

Een straatjochie van 10 jaar
dat toevallig heel goed bas
en piano kan spelen.

Kijk verder achter in het boek!

Verdwaald in Amsterdam

verdwaald in Amsterdam

Anke Kranendonk
met tekeningen van Jenny Bakker

zwijsen

reizen

Toegekend door Cito i.s.m. KPC Groep

De liedfragmenten *Duifies, duifies* (p. 21) en *Mijn opa, mijn opa* (p. 96) zijn met toestemming overgenomen uit *Ja Zuster, Nee Zuster* van Annie M.G. Schmidt (Nijgh & Van Ditmar, 1999)

1e druk 2010
ISBN 978.90.487.0771.3
NUR 282/283

© Uitgeverij Zwijsen B.V. Tilburg, 2010
Tekst: Anke Kranendonk
Illustraties: Jenny Bakker
Vormgeving: Rob Galema

Voor België:
Uitgeverij Zwijsen.be, Antwerpen
D/2010/1919/294

Inhoud

Lees eerst even dit	10
Uit de trein	13
Bijna botsingen	17
Met de tram	20
De soapacteur	23
Wat nu?	26
Wie is die mevrouw?	29
De volgende halte	34
Bellen	37
Heen of terug?	40
Het schiet niet op	43
Lijn 25	46
Lijn 16	51
Politie!	55
Honderd kramen	59
Wachten of doorlopen?	62
Spoorzoeken	64
Uit alle wereldzeeën	66
Mee	69
Sprookje van Duizend-en-een-nacht	72
De Bazar	76
In de keuken	79
Zoeken	82
Naar school	85
Hachi!	88
Verder	90
De boot in	93
Naar huis	97
Smartlappen	100
Eindelijk	102
Wandeling door Amsterdam	105

Lees eerst even dit

← Hachi

Hallo, ik ben Hachi! Wie? Hachi. Je spreekt mijn naam uit alsof je niest. Dat vindt iedereen altijd supergrappig, waar ik ook kom. Je zult begrijpen dat ik dat niet altijd even amusant vind. Hachi is een Japanse naam – heeeel lang geleden kwam mijn over-over-overgrootopa uit Japan, vandaar.

In dit verhaal ga ik met mijn moeder een dagje naar Amsterdam. Ik kan je nu al verklappen dat het niet geheel verloopt zoals we het ons hadden voorgesteld. Ik raak mijn moeder kwijt en zij mij. Om elkaar terug te vinden, praten we met heel verschillende mensen en raken we verwikkeld in gekke en grappige situaties.
Het is de bedoeling dat je dit verhaal samen leest met een klasgenoot of vriend of vriendin. Spreek van tevoren af wie mij speelt, en wie mijn moeder. In elk hoofdstuk heeft één persoon de hoofdrol, want het verhaal wisselt steeds: in het ene hoofdstuk volg je mij, in het andere mijn moeder.
Soms zijn er drie rollen in een hoofdstuk. Spreek dan ook telkens af wie er een dubbelrol speelt en wie de blauwe stukjes en de tussenstukjes leest.

Je kunt afwisseling in de rollen krijgen door met je stem te spelen. Als je iets sneller leest, wordt je stem vanzelf hoger en lijk je meer op een kind. Als je heel langzaam praat, lijk je net een oude man met een basstem. En de tussenstukjes lees je zo neutraal mogelijk voor.

Als er een woord met alleen maar hoofdletters staat, krijgt dat woord veel nadruk. Een ! (uitroepteken) wil zeggen dat je iets mag uitroepen (niet te hard, dan blaas je je buurman/-vrouw weg). Af en toe staan er midden in een zin drie puntjes (...). Wacht dan even met doorlezen, het wordt dan lekker spannend. Als er aan het einde van een zin puntjes staan, dan moet de volgende meteen invallen. Net als in het echt, dan val je elkaar ook vaak in de rede. Heel veel plezier, en ... goede reis!

In het verhaal komen een paar liedjes voor.
Duifies, duifies en *Mijn opa, mijn opa* zijn liedjes van Annie M.G. Schmidt. Ze komen uit de musical *Ja zuster, nee zuster*. Het zijn leuke liedjes om met de hele klas te leren, en ze te zingen als je ze tegenkomt in het verhaal.
Er komt ook nog een smartlap in voor, dat is een lekker overdreven zielig liedje. Je mag hierbij zelf de melodie verzinnen.

Uit de trein

Hachi

mama

Ik ben met mijn moeder in Amsterdam! De intercity is zojuist aangekomen en we verlaten de trein. Ik vind alles buitengewoon spannend, maar ook een beetje griezelig. Daardoor ga ik sneller praten en wordt mijn stem vanzelf hoger.

Hachi	Waar zijn we?
mama	In Amsterdam, op het Centraal Station, en om precies te zijn, op perron 14b.
Hachi	Ooo! Misschien worden we wel weggetoverd!
mama	Hoezo zouden we weggetoverd worden?
Hachi	In Engeland heb je perron 9¾, waar je kunt worden weggetoverd. Het is goed mogelijk dat het hier perron 14b is!
mama	Jij lekkere fantast, kom nu maar mee, we moeten eerst kijken hoe we het station uit komen.
Hachi	Waar gaan we naartoe?
mama	Naar de trams! Maar eerst nog naar de stationshal.

Hachi en mama gaan een trap af, maar komen in een vreemde tunnel terecht, alsof de tunnel naar een andere wereld leidt.

Hachi	Zie je wel dat we betoverd worden! Wat is dit voor rare tunnel?
mama	Ze zijn het station aan het verbouwen. Net zoals veel plekken in Amsterdam. Eigenlijk wordt zo ongeveer heel Nederland verbouwd.
Hachi	Waarom?
mama	Ach meisje, dat weet ik niet. Kom, we gaan weer terug de trap op, richting het perron. Dan lopen we iets verder door en kijken we of we een andere trap kunnen nemen. Eentje die naar de centrale hal van het station gaat.

Mama en Hachi geven elkaar een hand, ze draaien om, lopen de trap weer op en wandelen een stukje over het perron. Totdat ze een volgende trap tegenkomen, die naar de centrale hal leidt. Beneden aangekomen, kijkt Hachi haar ogen uit.

mama	Pas op!
Hachi	Waarom?
mama	Je knalde bijna tegen iemand op. Kijk uit!
Hachi	Wat nu weer?
mama	Je stapte opzij en botste bijna weer tegen iemand aan.
Hachi	Kijk!
mama	Wat is er?
Hachi	Een Jen en Berry's! Zullen we een ijsje gaan eten?
mama	We zijn er net, moeten we nu al aan het ijs? Laten we er even mee wachten.
Hachi,	O, daar kunnen we fruitshakes drinken. Zullen we dat doen? Kijk eens mama, een sinaasappel-mango-passievruchtenshake voor drie euro vijftig.
mama	Belachelijk.

Hachi	Wat vind je belachelijk?
mama	Zo'n prijs voor een uitgeperste sinaasappel.
Hachi	Ja, dat is het eigenlijk wel. Zullen we even gaan kijken bij Parnassia?
mama	Parnassia? Dat is een duinbloemetje.
Hachi	Nee, het is een heel speciale drogisterij, met allemaal lekkere dropjes en geurstenen en kiezelkettinkjes en likballetjes.
mama	Idioot.
Hachi	Wat vind je idioot?
mama	Moet je kijken, een geursteentje voor vijf euro. Die vind je gewoon op het kiezelpad van je grootmoeder en je spuit er een beetje luchtverfrisser uit het toilet overheen.
Hachi	Hihi, maffe mamma. O mam, hier is een Kringels!
mama	Wat is dat nou weer?
Hachi	Heel lekker gedraaid ijs, in de kleuren rood en blauw.
mama	Lieve schat, dat is tien kilo kleurstoffen in een onsje ijs. Als je dat op hebt, ga je als een stuiterbal door de stad. Dan lijk je meer een springende kangoeroe dan mijn lieve, rustige dochtertje.
Hachi	Het is niet bewezen dat kleurstoffen tot extreem druk gedrag leiden.
mama	Nee poppedeine, maar het is wel heel opvallend dat je na het drinken van pimpelpaarse jus d'orange toch enigszins op een skippybal gaat lijken.
Hachi	Maar dan wel een gezonde, vol vitamine C.
mama	We zijn bijna buiten. Wat gaan we doen, nemen we meteen de tram of gaan we eerst een stukje wandelen?
Hachi	Laten we de ...

mama	Kijk! Een Leanidoswinkel vol bonbons. Verrukkelijk! Zullen we daar even gaan kijken?
Hachi	Mam, een bonbon van een euro per stuk ... dan kun je beter zelf een kers plukken, hem in de limonade dopen en hem net zo lang laten staan totdat de boel gaat gisten. Dan heb je een alcoholsmaak en als je er een beetje gesmolten chocolade overheen giet, heb je voor vijf cent net zo'n bonbon.
mama	Ja, maar deze bonbons zijn niet te evenaren. Ik lust er zo wel vijf achter elkaar. Zullen we naar binnen gaan?
Hachi	Lieve mama, en dan vijf bonbons eten? Dan hoeven we ons niet meer af te vragen of we met de tram gaan of gaan wandelen!
mama	Waarom niet?
Hachi	Omdat je dan al niet meer door de deuren van de tram kunt!
mama	Waarom niet?
Hachi	Te dik! En je kunt ook niet meer lopen, alleen nog maar waggelen, dus dan kun je beter zwemmend door de grachten gaan.
mama	Jij gekkerd, laten we maar doorlopen. Pas op!

Bijna botsingen

Hachi

mama

Ik botste alweer bijna tegen iemand op. Nu kon ik er niets aan doen. Ik stond stil en iemand draaide zich plotseling om. Op zijn rug had hij een grote rugzak. Blijkbaar was hij zelf vergeten dat hij die op zijn rug had zitten.

Hachi	Wat een zenuwengedoe hier in Amsterdam, gaat dat de hele dag zo door?
mama	Ik hoop het niet. Dat is waarschijnlijk omdat we op het Centraal Station zijn en hier veel vreemde mensen zijn die hun weg zoeken en daarbij zichzelf vergeten.

Hachi en haar mama lopen het station uit.

Hachi	Wat ontzettend veel mensen en wat veel verkeer en wat veel lawaai!
mama	Waar gaan we heen?
Hachi	Dat wist jij toch? We zouden toch naar de Dam gaan? Waar is de Dam?
mama	Rechtdoor.

Hachi	Daar is de gracht.
mama	We moeten natuurlijk om de gracht heen. Kijk uit!

Hachi wordt bijna van haar sokken gereden door een racende taxi. Als ze net op tijd wegspringt, valt ze bijna om van schrik. Luid klingelend passeert haar een tram. Het scheelde een haar, of ze was aangereden door het ijzeren paard.

mama	Meisje, meisje, pak mijn hand en laat hem nooit meer los.
Hachi	Waarom?
mama	Omdat je binnen één minuut al twee keer bijna omvergereden bent. Straks moet er nog een ambulance voor je komen.
Hachi	Hihi, rijd ik met gillende sirenes door Amsterdam.
mama	Maak er nu maar geen grapje van. Pak mijn hand, dan lopen we samen over het Damrak naar ...
Hachi	De koningin!
mama	De koningin?
Hachi	We zouden toch naar het paleis op de Dam gaan?
mama	Maar de koningin is er vandaag niet.
Hachi	O, ik dacht dat we met haar thee gingen drinken.
mama	Echt waar?
Hachi	Geintje.

Hachi en mama lopen om de gracht heen, wachten voor alle rode voetgangerslichten en steken dan de straat over. Ze lopen langs de rondvaartboten.

mama	Zullen we een tochtje maken op een rondvaartboot?
Hachi	Maar we zouden toch naar het paleis op de Dam gaan?

mama	O ja, maar daarna misschien?
Hachi	Mam, we zouden nog naar de markt en naar de Bijenkorf en naar de Kalverstraat en naar Madame Tussauds en naar het Rijksmuseum en naar het Van Goghmuseum en naar het Anne Frankhuis en naar het Zuiderbad, het zwembad met de prachtige steentjes, en naar ...
mama	O ja, laten we eerst maar eens het paleis bezoeken.

Met de tram

Hachi

mama

Mama en ik hebben het paleis op de Dam bezichtigd. Het was hartstikke interessant en mooi! Als we naar buiten komen, zegt mama dat ze nu eerst naar de markt wil. Ik verheugde me net zo op de winkelstraat! Wat gebeurt er ineens met me? Mijn stemming slaat plotseling om en ik word boos op mijn moeder, terwijl dat helemaal niet mijn bedoeling is! Ik doe mijn uiterste best om aardig te zijn, maar alles komt er kattig uit.

Hachi	Kijk uit!
mama	Hé duiven, een beetje aan de kant, wegwezen!

Mama wuift met haar hand, om de duiven naar de kant te jagen. Het hele plein zit er vol mee.

Hachi	Waar komen die duiven allemaal vandaan?
mama	Onbegrijpelijk, hè. Ken je het liedje nog dat ik altijd voor je zong?

Mama pakt Hachi bij haar hand en samen lopen ze tussen de duiven door, naar de overkant van de Dam.

Hachi	Douw niet zo duifies, iedereen komt aan de beurt.
mama	Niet in mijn oren prikken, 't zijn zulke dommeriken.
	O, wat ben jij mooi gekleurd.
	Duifies, duifies, kom maar bij Gerritje.
	Zal je niet vechten om één zo'n erretje?
	Duifies, duifies, wat zijn ze mak.
	Zeventien duifies
	boven op het dak.
Hachi	Zullen we naar de Bijenkorf gaan?
mama	Laten we nu eerst naar de markt gaan, anders lopen we misschien met overvolle tassen door de stad.
Hachi	De markt, de markt, dat kan ik in mijn eigen dorp ook wel.
mama	Nee, dit is een heel bijzondere. De Albert Cuypmarkt in Amsterdam is wereldberoemd. Daar zouden we toch naartoe gaan?
Hachi	Maar we kunnen toch wel veranderen? Ik wil naar de Bijenkorf.

Mama staat stil, vlak voor de trambaan. Ze kijkt Hachi doordringend aan.

mama	We gaan niet zeuren, hè?
Hachi	Hoezo zeuren, wie zeurt hier nou? Ik stel alleen maar voor om naar de Bijenkorf te gaan en jij wilt per se naar die markt van je.
mama	Zeg tante Bet, ik vind hier niets aan. Gaan we gezellig een dagje naar Amsterdam, en binnen een uur sta jij al midden op de Dam te mokken. Hier heb ik geen zin in.
Hachi	Alsof ik daar zin in heb.

Hachi en haar mama kijken goed uit voordat ze het Damrak met de tramlijnen oversteken. Aan de overkant, bij het Nationaal Monument, blijven ze stilstaan. Hachi wil naar links, en mama wil het liefst weer oversteken, naar de tramhalte toe.
Hachi is boos en mama staat er enigszins hulpeloos bij.

mama	Zullen we stoppen met ruziemaken? Ik krijg er buikpijn van.
Hachi	Jij begon hoor.
mama	Hachi ... oké, ik begon, en nu stop ik ook weer. Wil jij echt heel graag eerst naar de Bijenkorf?

Hachi kijkt naar haar moeder en ziet hoe zeer ze haar best doet om het samen gezellig te hebben. Wat is Hachi soms een kattenkop. Dat wil ze helemaal niet, maar het gaat vanzelf, alsof er een woeste stoomlocomotief door haar lijf raast.

Hachi	Nou, oké, omdat jij het zo graag wilt, ga ik met je mee naar de markt. Waar is die? Kunnen we lopen?
mama	We kunnen beter de tram nemen.
Hachi	Welke, weet jij dat?
mama	De 24, daar komt-ie aan, rennen.

De soapacteur

Hachi

mama

Juriaan

Mama en ik kijken goed uit als we oversteken. Wel tien keer kijken we links en rechts. Er komen zoveel auto's en fietsers en trams voorbij, dat we bijna niet aan de overkant komen. En als we daar zijn, moeten we weer een trambaan oversteken om naar de halte van tram 24 te kunnen. Wat een gedoe! Juist als ik oversteek, kom ik iemand tegen die ik ken. Ik raak helemaal opgewonden en struikel bijna over mijn woorden!
Laat mama en Juriaan door dezelfde persoon voorlezen, dat kan hier heel goed.

mama	Snel, de tram stopt al.
Hachi	Ja, ik kom, maar die steentjes op de straat lopen zo vervelend, ze zijn allemaal ongelijk.
mama	Ik zei toch dat je beter je gympen aan kon trekken.
Hachi	Begin nu niet over mijn schoenen, mam, je had beloofd dat je niet zou zeuren!

Hachi kijkt zo ingespannen naar de steentjes, dat ze niet in de gaten heeft dat er iemand vlak voor haar loopt. Ze botst tegen de man aan.

Hachi	Sorry, sorry, meneer.

De man in de lange, donkere regenjas draait zich om.

Juriaan	Geeft niet, meisje.

Hachi's mond valt open van verbazing.

Hachi	U bent, u bent ... mama, dit is ...

Hachi's mama hoort het niet, zij is al bij de tramhalte aangekomen.

Hachi	U bent van de televisie!
Juriaan	Ja, dat heb je goed gezien, weet je misschien ook hoe ik heet?

Ondertussen is de tram gestopt, er zijn mensen uitgestapt en nu stappen andere mensen in. Mama staat aan het begin van de tram bij de deuropening en draait zich om.

mama	Kom nou!
Hachi	Ja, ik kom, maar mama ...!
Juriaan	Ga maar snel naar je moeder, ze roept je.
Hachi	Ja, doet u de groeten aan iedereen? En ik weet hoe u heet, u bent Juriaan, van Beste Tijden Mooiste Meiden.
mama	Hachi, de tram vertrekt, kom!
Hachi	Ja, ik kom eraan. Dag meneer, woont u in Amsterdam, of bent u hier op bezoek? Ik wel, ik kom uit ...
mama	Hachi!

Hachi rent nu pijlsnel naar de tram toe die klingelt, klaar om te vertrekken.

Hachi's mama zet alvast een voet op de onderste trede van de ingang. Zo weet ze dat de deuren openblijven, totdat alle mensen zijn ingestapt en er niemand meer op de onderste trede staat.

Als ze ziet dat Hachi er bijna is, stapt ze in en houdt haar OV-chipkaart voor het kastje.

De tram klingelt, de deuren sluiten en de tram zet zich in beweging ... met mama erin.

Hachi   Mama!!!

Wat nu?

Hachi   mama

De tram rijdt door, hoe hard ik ook gil. Nog even, dan is hij uit
het zicht verdwenen. Ik raak in paniek en vraag me af wat ik
moet doen. Gelukkig belt mijn moeder me. Alleen kan ik haar niet
verstaan, er is zo veel herrie om me heen. Ik schreeuw heel hard door
de telefoon, in de hoop dat mijn moeder me kan verstaan.
Hebben jullie allebei een mobiele telefoon? Dan is het leuk om die te
gebruiken als je dit leest!

Hachi   Mama, kom terug! Waar ga je heen, wat moet ik
               doen? Kom je terug? Wat moet ik nu doen?

Hachi kijkt om zich heen. Er lopen wel duizend mensen voorbij,
maar niemand schijnt te merken dat Hachi moederziel alleen en
verlaten in de grote hoofdstad staat.
In de verte loopt Juriaan, de knappe acteur van de soapserie Beste
Tijden Mooiste Meiden. Zal ze hem om hulp vragen? Zal ze de
moed hebben, het durven? Ze zal wel moeten, hoe komt ze anders
bij haar moeder op de Albert Cuypmarkt?

Net op het moment dat Hachi naar Juriaan wil rennen, hoort ze haar mobiele telefoon overgaan. Natuurlijk, dat ze daar niet eerder aan heeft gedacht!

Hachi	Mama!
mama	Waar ben je?
Hachi	Waar ik ben? Hier natuurlijk!
mama	Waarom kwam je niet?
Hachi	Mama, doe niet zo belachelijk, ik kwam wel, maar ik zag een bekende, die acteur van Beste Tijden Mooiste Meiden. En jij had toch wel even kunnen wachten? En nu, kom je terug?
mama	Ja, zal ik dat doen? Je kunt ook met de volgende tram komen. Dan stap ik bij de eerstvolgende halte uit en wacht ik daar op jou.
Hachi	Waar is dat dan? Kun je niet terugkomen?
mama	Is het niet handiger als je hiernaartoe komt?
Hachi	Nee ...

Hachi hoort een raar gekraak in de telefoon.

Hachi	Mama ... mama ... zeg eens wat. Waarom reageer je niet? Mama, wat ga je nu ondernemen? Wat moet ik doen? Kom jij hierheen, of ga ik naar jou toe? Zeg alsjeblieft eens wat!

Hachi kijkt op het display van haar mobiel, maar er is niets op te zien. Is haar moeder weggevallen?

Hachi	Mama!

Hachi toetst het telefoonnummer van haar moeder in, ze houdt haar mobiel bij haar oor en luistert ingespannen. Voor haar stopt een volgende tram. De deuren gaan open en er stappen passagiers in en uit.

Een mevrouw met wel twintig boodschappentassen aan haar hand stapt uit, maar kan niet doorlopen, omdat Hachi in de weg staat.

Wie is die mevrouw?

Hachi

Aleida

In dit hoofdstuk praat ik met Aleida, een mevrouw die behoorlijk verward is. Ik vind haar eerlijk gezegd een beetje eng en ben tamelijk verlegen als ik tegen haar praat.
Je kunt Aleida op verschillende manieren lezen. Je kunt haar heel zacht laten praten, of een beetje stotterend, of met een snikje in je stem, of net iets te luid. Pas dan wel op dat het niet te hard wordt, want dat leest niet prettig.

Aleida	Aan de kant! Zie je niet dat ik eraan kom! Weet je wel wie ik ben?
Hachi	Nee, mevrouw.
Aleida	Dat dacht ik wel, anders zou je me nooit zo behandelen. Ik ben Aleida, prinses van de hoofdstad!

Aleida zet alle boodschappentassen op het smalle trottoir, dat dienst doet als tramhalte. De mensen die in de tram willen stappen, moeten om haar heen lopen. Er wordt op haar gescholden, en Aleida, met in elkaar geklitte haren en nog maar een paar tanden in haar mond, scheldt terug.

| Aleida | Kijk zelf uit! Je moet uit je doppen kijken. Het komt door jullie, allemaal! Als je tegen mijn baby's trapt, trap ik tegen jou! |
| Hachi | Mevrouw, wat bedoelt u met: als je tegen mijn baby's trapt? |

Aleida draait zich naar Hachi om. De in- en uitstappende mensen zijn verdwenen, de halte is weer onbezet.
Uit één van de boodschappentassen pakt Aleida een pop.

| Aleida | Kijk, dit is mijn Liesbeth. Ze is ontzettend lief en kan verschrikkelijk goed rekenen. Ze zit in groep twee, maar ze kan toch al cijferen. Ze wordt later minister van Financiën. De eerste vrouwelijke minister van Financiën, en weet je hoe dat komt? Dat komt omdat ze goed kan optellen en aftrekken en vermenigvuldigen en delen en worteltrekken. En dit is ... |

Aleida pakt een gebreide giraffe uit een andere tas.

| Aleida | Dit is Teus met zijn lange neus, hihi. Dat zeg ik immer: met zijn lange neus. Maar hij heeft geen lang reukorgaan, hij heeft een lange nek. Hij lijkt sprekend op zijn grootvader. Teus is al acht, en hij zit op honkballen. |

Aleida maait met haar arm door de lucht, bijna tegen Hachi aan.

| Hachi | Au. |
| Aleida | O sorry, ik wilde je niet bezeren. Wie ben je, hoe heet je? |

Hachi	Hachi.
Aleida	Hachi? Van hatsjie?
	HATSJIE! HATSJIE!
Hachi	U sprietst me helemaal nat, mevrouw.
Aleida	Werkelijk? Dat bedoel ik niet zo, het spijt me verschrikkelijk. O, ik maakte maar een geintje, omdat ik je zo'n olijk meisje vind. En je naam is ook zo amusant. Hoe heet je ook alweer?
Hachi	Hachi, mevrouw.
Aleida	HATSJIE!
Hachi	Ja ja, heel grappig, maar ik moet verder.
Aleida	Waar moet je naartoe?
Hachi	Naar mijn moeder.
Aleida	Waar is ze?
Hachi	Dat weet ik niet.
Aleida	Weet je dat niet?

Aleida begint weer te jammeren. Hachi ziet wel dat er iets niet helemaal in orde is met deze mevrouw. Er zitten klitten in haar haren, ze draagt versleten en kapotte kleding, eigenlijk stinkt ze. En dan al die poppen in de boodschappentassen. Wat zou er met haar aan de hand zijn? Hachi's hart krimpt ineen van medelijden.

Hachi	Waarom huilt u, mevrouw?
Aleida	Iedereen is weg: mijn grootvader, mijn moesje, Teus, Liesbeth.
Hachi	Wie zijn Teus en Lisa, zijn dat uw kinderen?
Aleida	Ja, en mijn broeder en zuster en mijn vriendinnetje. Waar is iedereen? Ik zoek maar en ik zoek, ik ben zo afgemat.
Hachi	Waar woont u dan?

Nu begint Aleida nog harder te snikken.

Aleida	Wist ik het maar ... ik weet het niet meer. Waar woon ik?
Hachi	Dat weet ik niet, mevrouw. Zal ik het aan de politie vragen?
Aleida	Nee, nee, niet doen, geen politie!

Aleida kijkt Hachi geschrokken aan. Razendsnel stopt ze de poppen in haar boodschappentassen, pakt ze op en loopt weg.

Aleida	Jullie ontnemen me alles, alles. Ik ga naar de burgemeester, dat is pas een vriendelijke man. Burgemeester!!

Hachi blijft achter en ze kijkt op het display van haar mobiele telefoon. Het zonlicht schijnt er zo fel op, dat ze het moeilijk kan lezen. Heeft haar moeder nu wel of niet gebeld?

De volgende halte

mama

Harry

Mama komt Harry tegen, een meneer die haar vraagt om met hem te gaan lunchen. Mama moet niets van hem hebben, maar Harry vindt mama wel leuk. Je kunt hem een beetje bekakt laten praten (deftig), of heel lief, om mama te vleien. Je kunt hem ook vriendelijk laten beginnen en steeds meer plagerig laten spreken.

Mama staat in een overvolle tram. Haar mobiele telefoon is uitgevallen en ze praat hardop tegen zichzelf.

mama   Raar, waarom doet dat ding het niet?

Ze belt weer met Hachi, maar als ze het toestel bij haar oor houdt, hoort ze een zacht tingelingetje.

mama   Ooo, het is weer eens zover, de batterij is leeg.
           Wat ben ik toch een oelewapper, ik leer het nooit
           met dat ding. Ga altijd op stap met een opgeladen
           mobiel, zeker als je naar Amsterdam gaat!
Harry   Richt u zich tot mij?

Mama schrikt op en kijkt in de donkerbruine ogen van een grijzende man.

mama	Nee, nee, sorry, ik praat in mezelf. Ja, sorry, u zult misschien denken dat ik niet helemaal lekker ben, maar ik ben echt helemaal lekker.
Harry	Ja, dat vermoeden had ik reeds, dat u helemaal lekker bent.

Mama wordt knalrood.

mama	Nee, nee, dat bedoel ik niet. Maar mijn telefoon ... mijn dochter ... ziet u. Is dit de volgende halte?
Harry	Ja, dit is de eerstvolgende halte. Maar verlangt u wellicht naar een gezellige lunch op het Rembrandtplein? Dan verpozen we nog een tijdje in de tram, tot aan de Munt, en dan wandelen we een petieterig stukje. Desnoods pakken we nog een filmpje in het Tuschinski.
mama	In het wát?
Harry	In het Tuschinskitheater. Kent u dat niet? Eén van de oudste cinema's van Nederland. Werkelijk fenomenaal, volkomen in art-decostijl uitgevoerd. Alle belangrijke premières worden daar gehouden. Kom, waant u zich eenmaal een filmster en schrijd met mij over de rode loper.
mama	Nee, nee, mijn dochter ... is dit de halte? Dan stap ik hier uit. Maar ... de deur gaat niet open.
Harry	Dan had u dat te kennen moeten geven door middel van een druk op de rode knop. Nu rijden we alweer.
mama	Wat? Nee, ho, stop! Conducteur!

Alle mensen in de tram kijken naar mama. De meesten schudden hun hoofd; als de tram eenmaal rijdt, stopt hij nooit meer.

Harry   Toch maar een gezellig verpozen met mij, op het Rembrandtplein, of een filmpje? Neen, ik weet het reeds, ik zal u vergezellen over de Bloemenmarkt. Dat is allemaal dezelfde halte: halte Muntplein.

mama   Nee, ik moet naar mijn dochter. Wat zegt u, Bloemenmarkt, is dat hetzelfde als de Albert Cuypmarkt?

Nu grinniken de mensen om haar heen.

Harry   U hebt er nog geen kaas van gegeten, mevrouw.

mama   Waarvan?

Harry   Van de metropool Amsterdam.

mama   Kan wel wezen, maar ik wil nu mijn kind terug. Dag, meneer.

De tram stopt. Iemand drukt op een knop aan een paal en de deur gaat open. Mama stapt uit en loopt snel een paar passen weg. Ze draait zich om. Komt Harry haar achterna?

Bellen

Hachi

Karel

Ik sta nog steeds bij de tramhalte. Ik heb met mijn moeder gebeld, maar kreeg te horen dat het nummer tijdelijk niet bereikbaar is. Daar heb ik wat aan! Wat nu? Ik kan in de eerstvolgende tram stappen en bij de eerste de beste halte er weer uitgaan. Maar er is al een tram gepasseerd. Als mama zou wachten en ziet dat ik niet in de tram zit, zal ze misschien in de tram terug naar de Dam stappen. Dus wacht ik maar totdat er een tram deze kant op komt.

Ik zal alvast de straat oversteken, naar de halte aan de overkant, vlak bij de Bijenkorf. Zal ik even in de etalage gaan kijken? Maar stel je voor dat de tram er dan net precies aankomt?

Daar is-ie al. Er stappen weer ontzettend veel passagiers uit, maar mama is nergens te bekennen. Ik word nu wel wanhopig. Wat moet ik nu doen? Ik stap in de tram en vraag Karel, de trambestuurder, waar ik naartoe moet. De trambestuurder is een gezellige kletsmajoor. Hij praat plat Amsterdams. Als je dat niet kunt, mag je je eigen accent verzinnen. Het hoeft niet, je mag er ook een vrolijke kerel van maken!

Hachi   Mama, waarom bel je niet? Waarom heb je je mobiel uitgezet? Nooit heb je je mobiel aanstaan, waarom heb je er dan een? En wat moet ik nu doen?

Er komt alweer een volgende tram aan, die vanuit het Centraal Station rijdt en richting de Albert Cuypmarkt gaat. Zal Hachi er dan maar instappen en kijken waar haar moeder is?
Ze steekt de straat over en als de tram zijn deuren opent, stapt ze voor in, bij de trambestuurder.

Hachi	Gaat u naar de Albert Cuypmarkt?
Karel	Ja, meissie.
Hachi	Mag ik meerijden?
Karel	Tuurlijk, meissie, als je een geldig vervoersbewijs heb, breng ik je overal waar je wezen moet.

Hachi was al ingestapt, maar blijft op de tweede trede staan.

Hachi	Ik heb geen vervoersbewijs.
Karel	Dan kan ik je niet meenemen, schat.
Hachi	Maar mijn moeder ...
Karel	Dat zeggen ze allemaal: naar mijn moedertje! Kom, meissie, er staan nog meer mensen achter je, die willen ook vervoerd worden.

Hachi doet een stap opzij om de andere mensen erlangs te laten. Sommigen willen hun strippenkaart laten afstempelen, maar dat kan niet meer op de tram. Iedereen moet nu een OV-chipkaart hebben en die voor het kastje aan de paal houden om de gegevens te laten aflezen.

Karel	Da's wel spijtig hoor, van de chipkaart. Het contact met de mensen is een stuk minder geworden. Effe stempelen, effe een kletspraatje, dat zie ik niet gebeuren met die plastic dingen. Maar ik klets even zo goed wel, hoor. Nou vooruit, meissie, je staat er wel lekker, maar ik moet verder. Stap je weer uit?
Hachi	Maar mijn moeder dan?
Karel	Ja schat, die wacht maar even. Waar is ze?
Hachi	Dat weet ik dus niet, ergens.
Karel	Daar heb ik wat aan. Kom op grietje, ik moet nu echt vertrekken. Het licht gaat op wit, ik mag rijden.
Hachi	Bij ons gaat het licht altijd op groen.

Karel lacht, hij is gaan rijden. Met zijn hand bedient hij een groot wiel. Het lijkt alsof hij daarmee gas geeft. Hachi heeft nog nooit zoiets gezien.

Karel	Jij bent geen Amsterdammer.
Hachi	Nee, ik ben hier op visite met mijn moeder, maar die is verdwenen.
Karel	Waar is ze dan naartoe?
Hachi	Naar de Albert Cuypmarkt.
Karel	Zeg popje, weet je dat je aan het zwartrijden bent?
Hachi	Zwartrijden?
Karel	Ja, illegaal. Als er controleurs komen, hang je. Dan krijg je een vette boete.
Hachi	Maar u vertrok al voordat ik uitgestapt was!
Karel	Meissie, als ik zou moeten wachten op iedereen die wel of geen geldig vervoersbewijs heeft, dan kom ik niet eens van het Centraal Station weg. Maar je hebt pech, daar staat de politie, vijf man sterk.

Heen of terug?

Bep

mama

Mama haalt opgelucht adem, de man is de andere kant op
gelopen. Hij draait zich nog een keer om, glimlacht en zwaait
naar mama.
Mama klampt nu een oude mevrouw aan. Zij woont vast in
Amsterdam en weet de weg. Bep, de oude mevrouw, is nogal doof.
Mama moet dus wat harder praten, en dat doet de oude vrouw ook,
omdat ze zichzelf niet kan horen.

mama	Mag ik u wat vragen?
Bep	Wat zegt u?
mama	Bent u hier bekend?
Bep	Ik kan je niet verstaan, die drilboren aan de overkant van de straat maken zo'n immens kabaal. En niet alleen vandaag; deze werkzaamheden zijn al jaren bezig. En het gaat ook nog jaren duren. De hele stad is één grote bouwput. Ik kom er met goed fatsoen niet meer doorheen. Het mag lijden dat ik het nog meemaak dat de stad er puik bij ligt. Dit is toch geen gezicht, zo'n half opengereten stad! Wat is uw mening hierover?

mama	Hebt u een mobiele telefoon?
Bep	Wat?
mama	Een mobiel!
Bep	Nee, alleen een rollator.
mama	Dat bedoel ik niet, een telefoon?
Bep	Gewoon, wat gewoon?
mama	Laat maar, dag mevrouw.
Bep	Sorry hoor, maar ik kan u niet verstaan, u moet wat harder praten.
mama	LAAT MAAR ZITTEN!
Bep	Waarom moet ik gaan zitten? Hier midden op het Rokin op de tramhalte, op mijn rollator gaan zitten? Wat een merkwaardig idee! Wil je dat echt?
mama	Nee!
Bep	Ga je mee?
mama	Nee, mevrouw, excuseert u mij, ik zoek mijn dochter.
Bep	Mijn dochter? Nee hoor, die zoek ik niet, dank je de koekoek. Ze heeft me al veertien jaar laten zitten in mijn aftandse huurhuisje met lekkende dakgoot en verroeste kachelpijp. Denk je dat ik assistentie van haar krijg? Nee hoor! Ze moet zo nodig met haar billen op het strand van Zandvoort zitten. Weet jij hoe het moet?

De oude, hardhorende vrouw graait in haar handtasje dat voor op de rollator ligt en haalt een OV-chipkaart tevoorschijn.

Bep	Ik moet hem opladen, alsof het een batterij is! Nou, dank je de koekoek, ik doe het niet. Als ik de tram in stap, laat ik gewoon deze chipkaart zien. Hij was al kostbaar genoeg: tien euro! Waar tover ik dat nou weer vandaan! Zeker van mijn bankrekening ... maar ik ben mijn bankpas kwijt ...
mama	Sorry mevrouw, ik moet u echt onderbreken ...
Bep	WAT ga je breken?
mama	U, ik ga u ONDERbreken.
Bep	Wat is dat nou weer ...
mama	Dag mevrouw, tot ziens hoor.
Bep	Tot ziens, tot ziens, dat zeggen ze allemaal, maar ik zie ze nooit meer terug. Zeker weer zo'n toerist.

Het schiet niet op

mama   lisa

Mama draait zich om en loopt naar een meisje met een grote koptelefoon over haar oren. Ze ziet ernaar uit dat ze de weg kent in Amsterdam.
Lisa is een enthousiast meisje, dat bijna zingend spreekt, doordat ze tijdens het gesprek naar de muziek blijft luisteren.

mama	Hallo, mag ik je iets vragen?
Lisa	Sorry, wat zegt u?

Lisa doet één van de doppen van de koptelefoon van haar oor.

mama	Heb jij een mobiele telefoon?
Lisa	Ja, die heb ik.
mama	Zou ik hem misschien even mogen gebruiken? Ja, weet je, mijn dochter, ze is verdwenen, en mijn mobiel en ...
Lisa	Is goed hoor, even opsporen.

Lisa pakt haar tas van haar rug, zet hem op de grond en graaft erin, op zoek naar haar telefoon.

Lisa	Waar is dat ding nou, waarom kan ik hem nooit in één keer vinden? Kijk, ik heb wel mascara, een multomap met aantekeningen van college van vanochtend en een routebeschrijving naar het studentenhuis van mijn nieuwe vriendje. Ik heb een nieuwe vlam, wilt u hem zien? Hij is een rasta, weet u wel, met van die lange dreadlocks. Hij is zó lief. Weet u wat hij me heeft gegeven?
mama	Ik wil het allemaal wel horen, maar eerlijk gezegd ben ik op zoek naar mijn dochter.
Lisa	Uw dochter? Waar is ze dan?
mama	Dat weet ik dus niet.
Lisa	Waar is ze naartoe?
mama	We zijn samen voor het eerst een dagje in Amsterdam, dat had ze voor haar verjaardag gekregen. Maar dit wordt wel een heel verdrietig verjaardagscadeau. Straks slijt ze de hele dag op het politiebureau. Weet je trouwens waar hier ergens een politiepost is?
Lisa	Al slaat u me dood. Maar ik heb wel een plattegrond van de stad ... even zoeken.

En terwijl Lisa weer in haar tas duikt, komt er een tram ratelend voorbij. In die tram zit ... ziet Hachi's moeder het goed?

| mama | Laat maar, mijn dochter, ik zie haar al. |
| Lisa | Maar mevrouw, ik heb het net allemaal gevonden! Mijn mobiel en de plattegrond van de stad. Zal ik even voor u kijken? |

Mama is al weggelopen, ze draait zich nog een keer om naar Lisa.

| mama | Bedankt, bedankt, maar daar zit ze, in de tram! |

Mama laat Lisa verbouwereerd achter, holt naar de tram en springt in de achterste wagon.

Lijn 25

Hachi   karel   Arie

Ik sta nog in de tram, maar daar komen de controleurs aan! Karel blijft vrolijk.

Het is leuk als Hachi ook de stem van Arie, de kaartjescontroleur, doet. Karel en Arie zijn twee mannen die elkaar al heel lang kennen en elkaar altijd even op de tram spreken. Ze hebben allebei een Amsterdams accent en mogen een beetje mompelend met elkaar praten.

Hachi	Ze wachten op ons, die controleurs.
Karel	Inderdaad, vijf man sterk, ze komen controleren of je wel bent ingecheckt.
Hachi	Maar dat ben ik niet! Meneer de trambestuurder, kunt u niet stoppen, zodat ik snel kan uitstappen!
Karel	Natuurlijk kan ik stoppen, want we zijn er al, dit is de volgende halte.
Hachi	Moet ik er nu uit? Maar hoe moet ik dan verder?

De tram klingelt, de deuren gaan open, en vijf mannen in blauw uniform komen naar de tram gelopen.

Karel	Je moest toch naar de Cuyp? Dan hoef je er nog niet uit, blijf maar lekker staan. Hoe heet je eigenlijk?
Hachi	Hachi.
Karel	Wie?
Hachi	Hachi.
Karel	Van hatsjie?

De trambestuurder legt zijn hoofd in zijn nek.

Karel	Hatsjie!!
Hachi	Heel leuk.
Karel	Dat vind ik ook! Hoe kom je aan zo'n aparte voornaam?

Net op het moment dat Hachi wil vertellen hoe zij aan haar naam is gekomen, stapt er een controleur binnen en gaat de tram alweer rijden.

Karel	Goedemorgen.
Arie	Morgen, hoe is-ie?
Karel	Chill ... ik heb mijn nichtje bij me.
Arie	Nichtje? Wie dan?

Karel wijst naar achteren.

Karel	Hachi, mijn nichtje.
Arie	Hachi? Van hatsjie? Je nicht? Waar komt ze vandaan?
Karel	Al sla je me dood ... Hé, nicht, waar kom je vandaan?

Hachi begrijpt er niet veel van. Ze is toch niet de nicht van de trambestuurder? Wat moet ze nu zeggen?

Hachi	Ik kom uit ...
Karel	Deventer. Mijn nicht komt helemaal uit Deventer. Haar moeder staat ergens op de Cuyp onderbroeken te kopen.
Hachi	Nee, hoor.
Karel	Dat zei je net.
Hachi	Ik zei toch niet dat ze onderbroeken ging kopen?
Karel	Poppie, dat zei je niet, maar dat doen we toch allemaal, onderbroeken kopen op de Cuyp. Doet mijn vrouw ook hoor, ook voor mij. Echte merken, maar dan voor een voordelig prijsje.

De tram stopt alweer. Arie draait zich om, duwt op een knopje, de tramdeur gaat open en Arie springt naar buiten.

Arie	Nou, tabee, en veel plezier met je nichtje!
Karel	Oké.

Er komen weer passagiers binnen. Hachi wordt bijna geplet, maar houdt zich stevig aan een ijzeren paal vast en maakt zich zo dun als ze maar kan.
Als de tramdeuren dichtgaan, rijden ze weer verder.

Hachi	Ik ben toch niet uw nichtje?
Karel	Nee schat, maar heeft-ie naar je vervoersbewijs gevraagd?

Hachi	Nee.
Karel	Nou dan.

De tram klingelt weer. Plotseling vliegt Hachi naar voren. Ze kan zich nog net aan de paal vasthouden.

Hachi	Wat doet u?
Karel	Weer zo'n Japanner die zomaar de weg oversteekt, leren ze daar niet uitkijken?
Hachi	Heus wel hoor, wat dacht u?
Karel	Ik zou het niet weten, weet jij het?
Hachi	Toevallig wel.
Karel	Toevallig?

Hachi geeft geen antwoord. Ze wil iets anders weten.

Hachi	Hoe lang duurt het nog?
Karel	Wat?
Hachi	Tot we bij de Albert Cuyp zijn.
Karel	Nog drie haltes, schoonheid.

Hachi kijkt voor zich uit, ze gaan een hoek om en een andere tram komt hen tegemoet.

Hachi	Meneer, is dit eigenlijk lijn 24?
Karel	Nee schat, dit is de 25.
Hachi	Lijn 25? Waar gaat-ie naartoe?
Karel	Naar het Martin Luther Kingpark, maar daar hoef je toch niet naartoe. We zijn er bijna.
Hachi	Is de 25 iets anders dan de 24?
Karel	Wat denk jij? Het scheelt een punt! Vijfentwintig min vierentwintig!

Hachi	Zo leuk vind ik dat niet. Als ze allebei naar de Albert Cuyp gaan, wat is dan het verschil?
Karel	De één stopt aan het begin van de markt, de ander aan het eind. Of andersom, het is maar hoe je het bekijkt.
Hachi	Waar stoppen wij dan?
Karel	Aan het begin. Of aan het eind. Het is maar hoe je het bekijkt.
Hachi	En mijn moeder?
Karel	Die stopt dan aan het eind, of aan het ...
Hachi	Ja, ... het begin! Stop!

Lijn 16

mama   Yama   Rodney

Hachi's moeder loopt in de tram direct naar een meisje dat net zulk zwart haar heeft als Hachi. Als het meisje zich omdraait, ziet ze dat het niet haar dochter is, maar een Japanse vrouw, veel ouder dan Hachi. Er staan meer Japanse vrouwen om haar heen, die allemaal beginnen te giechelen.

Eerst praat mama met Yama, de Japanse vrouw. Als je mensen Japans hoort praten, lijkt het of ze voortdurend giechelen. Je mag dus giechelend voorlezen.

Als je Yama bent, lees je daarna de rol van Rodney, een stoer Amsterdams jongetje. Heb je de film Ciske de rat wel eens gezien? Zo'n Amsterdams accent mag je nadoen. Kun je dat niet, dan lees je gewoon lekker stoer.

mama	Hachi!
Yama	Haaaaa tsji hi hi hi.
mama	Sorry, ik dacht dat u Hachi was, mijn dochter.
Yama	Hi hi hi, Hachi hi hiji Hachi, ooo sjie pie kjie kjie Hachi.

mama	Ik kan u niet verstaan, maar mijn dochter heet Hachi, begrijpt u. Ik zie dat u Japans bent, klopt dat? Bent u op vakantie hier?
Yama	Hi hi tjie tjie Hachie.
mama	Ja, het zal wel, maar nu heb ik Hachi nog niet gevonden.
Yama	Hachi hihi.
mama	Wat bedoelt u nou, hebt u Hachi gezien? Ik dacht dat u het was, maar u bent het niet. Maar waar is mijn dochter dan wel?

De tram staat plotseling stil. Mama verliest haar evenwicht en valt ergens tegenaan. Als ze weer rechtop staat en de tram verder rijdt, ziet ze wat het is: een heel grote zwarte koffer met een heel klein jongetje erbij.

mama	Sorry hoor.
Rodney	Geeft niets, mevrouwtje.
mama	Ik loop tegen iedereen op.
Rodney	Kan gebeuren, mevrouwtje.
mama	Wat heb je een grote koffer bij je, wat zit erin?
Rodney	Bas, mevrouwtje.
mama	Bas?
Rodney	Ja, bas.
mama	Wat bedoel je met Bas? Je grote broer?

Rodney schiet in de lach.

Rodney	Nee, natuurlijk niet, mijn instrument natuurlijk!
mama	Maar dat ding is groter dan je zelf bent.
Rodney	Nou en?
mama	Waar ga je naartoe?
Rodney	U bent wel nieuwsgierig, mevrouwtje, vertrouwt u me soms niet?

Mama begint een beetje te stotteren.

mama	Ja, jawel, maar ik, ik … waar zijn we?
Rodney	Bijna bij de Cuyp.
mama	Dan moet ik eruit! Heb jij toevallig mijn dochter gezien, ik vraag het maar. Ze heeft zwarte haren en ze heet Hachi en ze zou in de tram stappen …
Rodney	Hachi, wat geestig, zo heet mijn pianoleraar ook!
mama	O ja, waar komt hij vandaan?
Rodney	Waar hij vandaan komt? Weet ik veel.
mama	Nee, ik bedoel, Hachi, dat is een Japanse naam die je niet dikwijls hoort.
Rodney	Mijn pianoleraar is Japans.
mama	Zeg jongeman, ben jij bekend hier?

Rodney knikt.

Rodney	Ik ben bijna wereldberoemd!
mama	O ja? Nee, dat bedoel ik niet. Ken je de weg hier?
Rodney	Tuurlijk, mevrouwtje.
mama	Zou jij me willen helpen mijn dochter te vinden?

Rodney schudt zijn hoofd.

Rodney	Ik zou wel willen, mevrouwtje, maar ik heb een auditie.
mama	Jij? Waar dan?
Rodney	In het Concertgebouw, ik ben er bijna.
mama	Deze ging toch naar de Albert Cuypmarkt?
Rodney	Ja, maar dit is de 16, die rijdt strakjes langs het Concertgebouw.
mama	De 16? Dan ben ik weer verkeerd!
Rodney	Nee hoor, u moet er nu uit. Heel snel!
mama	WACHT!

Mama wurmt zich tussen de mensen door naar buiten. Zodra ze op de halte staat, gaan de tramdeuren dicht en rijdt de tram weg. Mama kijkt hem na.

mama	Waarom noemde hij me eigenlijk steeds 'mevrouwtje'?

Politie!

mama   politieagent

Mama steekt het fietspad over. Bijna wordt ze omvergereden door een vrouw op een bakfiets. Ze springt opzij en ziet aan de overkant twee politieagenten lopen. Die moet ze ogenblikkelijk aanspreken!
De politieagent is natuurlijk een doortastende en stoere man. Je mag hem een klein beetje snauwend laten praten.

mama   Sorry, hoe-oe, agenten, polities!
              Meneer! Politie, mag ik u iets vragen?

Mama kijkt snel naar links en naar rechts, en als er geen verkeer aankomt, steekt ze over. Bijna blijft haar hak in een tramrails hangen, maar ze kan zich losrukken.
Voor de twee agenten blijft ze stilstaan. Ze richt haar vraag aan de oudere agent.

mama   Meneer, ik ben mijn dochter kwijt.
agent   Dat is niet geweldig.
mama   Ik wil haar hierbij opgeven als vermist.
agent   Hoe lang is ze al onvindbaar?

Mama kijkt op haar horloge.

mama	Twintig minuten.
agent	Lijkt u dat niet een tikkeltje voorbarig?
mama	Maar het lijkt wel een etmaal!
agent	Dat begrijpen we, maar ze komt vast wel weer terecht, hoor.
mama	Hoe dan? Wilt u haar alstublieft opgeven als vermist? Wilt u haar op de telex zetten, een sms-bericht sturen naar alle Nederlanders? Ze is één meter drieënveertig lang, ze heeft zwart halflang haar en ze draagt een roze jasje en een gestippeld oranje rokje en ...
agent	Mevrouwtje, ze keert wel weer weerom.

Mama stampvoet op de grond. Ze is ineens ontzettend boos.

mama	Mevrouwtje, MEVROUWTJE, wat is dat voor Amsterdamse uitspraak? Ik ben geen mevrouwTJE en zal dat ook nooit worden!
	Mijn dochter is weg en ik ben stikongerust, ziet u dat niet? Snapt u dat niet? En als ik dan aan u vraag om me te helpen, moet u niet zo laconiek reageren. U bent politie, u zou me juist moeten helpen!
	Mijn dochter is weg, ze is nog nooit in Amsterdam geweest, hoe vind ik haar ooit terug?
agent	Eventjes telefoneren, mevrouw.
mama	Ja, maar mijn telefoon doet het niet!
agent	Ai.
mama	Spot niet met me!
agent	Dat is mijn bedoeling niet.

Mama ziet dat de twee agenten naar elkaar glimlachen. Het maakt haar nog nijdiger.

mama	Hebt u soms geen kinderen? Snapt u niet hoe het voelt om je kind kwijt te raken?
agent	Zullen wij haar even bellen?

De jongere agent haalt een telefoon uit zijn borstzak en houdt hem in zijn hand.

mama	Dat is vriendelijk van u, graag.
agent	Wat is het telefoonnummer?
mama	Het nummer? Daar vraagt u me iets. Wat is het nummer van mijn dochter?
agent	Tja, zonder telefoonnummer komen we niet ver.

mama	Kunt u dat niet opzoeken? Jullie hebben toch allemaal systemen, digitale huppeldepups?
agent	Digitale huppeldepups? Ja mevrouw, ons digitale recherchesysteem, om criminelen op te sporen, of wegmisdragers. Maar dat is uw kind allemaal niet.
mama	NEE! En daarom wil ik haar terug!

Er piept iets in de heuptas van de agent. Hij haalt de portofoon van zijn riem en praat erin. Er wordt iets teruggezegd, maar mama kan het niet verstaan. De agent kijkt direct bezorgd.

agent	Roofoverval Durk van der Juriaan.
mama	En mijn dochter dan?
agent	Straks mevrouw, we moeten allereerst achter de overvallers aan.

De agenten zetten het direct op een rennen richting het Heinekenplein, mama verbouwereerd achterlatend.

Honderd kramen

Hachi

Joop

*Hachi is uitgestapt. Als ze de Albert Cuypstraat in loopt,
wordt ze overvallen door de vele mensen, door de roepende
marktkooplui, door de geur van Vietnamese loempia's, patat en
mierzoete stroopwafels. Al haar zintuigen staan op scherp. En het liefst
wil ze boven iedereen uit haar moeder roepen. Er zijn wel honderd
verschillende marktkramen. Bij de ene verkopen ze gereedschap, bij
de andere fietsen en allerlei soorten fietsbellen. Hachi ziet er zo al drie
die ze zou willen hebben. En ook leuke gekleurde handvatten voor
aan haar stuur. Die zie je niet bij haar in het dorp. Bij de volgende
kraam verkopen ze huiden van koeien en bij de volgende verkopen ze
augurken van een meter lang en Amsterdammers, grote dikke uien in
het sap. De groenteman roept met een rollende r om zijn prijzen bij
de mensen onder de aandacht te brengen. Hij doet het zo snel, dat hij
vaak de laatste letters van woorden niet uitspreekt.*

Joop   Lekkere komkommers: drie voor één euro. Eén
eurootje maar, kom maar, kom maar, kom maar,
een eurootje. Drie komkommers, verrukkelijke
druiven, slechts een eurootje.

Dan ziet Joop, de marktkoopman, Hachi.

Joop	Hé moppie, ik denk dat jij dit wel lust, lychees. Komen uit jouw land, nietwaar? Vooruit, omdat jij het bent, een pondje lychees voor een euro.
Hachi	Lychees, wat zijn dat?
Joop	Weet je niet wat dat zijn? Hier moppie, krijg jij een lekkere lychee van me.

De man haalt de schil van het kleine vruchtje en geeft het aan Hachi.

Joop	Pas op voor de pit.
Hachi	Mmm, lekker.
Joop	Dat zei ik je toch, moppie. Wil je een pondje? Speciaal voor jou, een eurootje. Voor ieder ander is het twee euro's, niet vergeten hoor.

Ondertussen roept hij de hele markt weer over.

Joop	Mango's, avocado's, komkommers, paprika's, alles een euro. Kom, kom, kom maar. Zal ik voor jou een pondje doen?
Hachi	Ik heb geen portemonnee bij me. Ik zoek mijn moeder.
Joop	Ach arme schat, waar is ze, heeft ze je in de steek gelaten?
Hachi	Nee, ja, ze is hier ergens op de markt.
Joop	Nou, schat, lekker zoeken en als je haar gevonden hebt, kom je terug voor de lychees, oké? Hoe heet je?
Hachi	Hachi.

Joop schiet in de lach en meteen roept hij over de markt naar de mensen.

Joop	Een lychee voor Hachi hatsjiekiedee!
Hachi	Haha, heel leuk. Maar kunt u me zeggen hoe ik mijn moeder kan vinden?
Joop	Heel gemakkelijk, schat. Gewoon rechtdoor lopen en uit je doppies kijken. Als je dan ook nog om je moeder roept, vind je haar vanzelf. Kan niet missen!

Hachi draait zich om en ze loopt verder, terwijl ze goed om zich heen kijkt. Totdat een doordringende zure lucht haar neus binnendringt en Hachi met dichtgeknepen neus verder loopt.

Wachten of doorlopen?

mama

bakker

Mama kijkt om zich heen, ze is zo langzamerhand toe aan een kopje koffie. Op het pleintje ziet ze geen gezellige koffietent, of een terras waar ze iets kan drinken en ondertussen kan zien of haar dochter eraan komt. Dan maar even aan iemand vragen. Aan wie? Aan de bakker die net met een grote stapel kratten vol heerlijk geurende broden zijn winkel uit komt.

De meneer is van Turkse afkomst, dat kun je horen aan de g, die hij overduidelijk uitspreekt. Zelfs woorden die beginnen met een h spreekt hij uit met een g.

mama	Meneer, kan ik hier ergens koffie drinken?
bakker	Even wachten mevrouwtje, is geen goeie tijd om te vragen. Broden zijn warm. Moeten weggebracht worden.
mama	Ze ruiken heerlijk.
bakker	Zijn ook heerlijk, mevrouwtje. Gaan door heel Amsterdam. Ik ben de beste broodbakker.
mama	Maar waar kan ik hier koffiedrinken?

De bakker zet de kratten in de witte bestelwagen, wist de
zweetdruppels van zijn voorhoofd en gaat naar mama toe.

bakker   Is geen goeie plek hier. Moet je bij mijn neef zijn,
            die heeft heel lekkere koffie. Goeie thee ook, verse
            muntthee. En lekker brood.
mama   Waar is dat dan?
bakker   In de Bazar, op de markt.
mama   Hoe kom ik daar?

De bakker kijkt mama aan en schudt zijn hoofd.

bakker   Gewoon doorlopen mevrouwtje, gewoon rechtdoor
            lopen.
mama   En mijn dochter dan?
bakker   Wat is er met uw dochter?
mama   Ik ben haar kwijt.
bakker   Komt goed, komt goed, gaat u nu eerst maar lekker
            koffiedrinken.

Mama draait zich om. Wat heeft ze eraan? Komt goed, komt goed.
Ze moet gewoon bij de ingang van de markt blijven wachten.
Wachten en wachten, totdat ze een ons weegt. Dat werkt niet.
Mama weet er wel wat op.

Spoorzoeken

mama

marktkoop-
vrouw

*M*ama *draait zich om en loopt naar de markt toe. Bijna bij de
eerste marktkraam vindt ze wat ze zoekt: een dikke stift.
De marktkoopvrouw is een gezellige mevrouw, die zo luid praat, dat
half Amsterdam haar kan verstaan.*

mama	Hebt u ook schrijfpapier?
koopvrouw	We hebben alles, maar geen papier. Dat u daar nu juist om komt. Maar we hebben wel batterijen, fietslampjes, elastieken in alle soorten en maten, deodorant, vuilniszakken, aardappelschilmesjes ...
mama	En stoepkrijt, zie ik. Doet u me die maar.

De mevrouw pakt een plastic emmer die gevuld is met dikke
staven stoepkrijt.

mama	Dat is me te overvloedig, kan ik er misschien eentje krijgen?
koopvrouw	Mevrouw, daar kunnen we niet aan beginnen, we kunnen de verpakking toch niet openmaken?
mama	Maar het is voor mijn meisje, ik ben haar kwijt.

koopvrouw	Wat wilt u dan gaan doen?
mama	Opschrijven, op de straat. Tot aan de Bazar, daar ga ik een kopje koffie drinken. Is dat wat, de Bazar?
koopvrouw	Bent u uw kind kwijt? Hoe ziet ze eruit? Daar weten we wel wat op, hè Piet?

Piet, een grote man, die naast haar staat en helemaal in het oranje is gekleed, geeft de marktkoopvrouw een toeter. Ze zet hem aan haar mond.

koopvrouw	Dochter gezocht, dochter gezocht! Ze heet ... Hoe heet ze eigenlijk?
mama	Hachi.
koopvrouw	Hatsjie Hatsjie Hatsjie. Wil Hatsjie alsjeblieft naar de Bazar komen? Daar wacht een pakje zakdoekjes op haar. Hatsjie!

Mama weet niet of ze de vrouw dankbaar moet zijn, of dat ze zich moet schamen. Ze betaalt de emmer met stoepkrijt en loopt een stukje verder door.
Dan pakt ze een staaf stoepkrijt, bukt zich en schrijft op de straat.

Uit alle wereldzeeën

Hachi

muzikant

Als ik weer een beetje ben bijgekomen, kijk ik om me heen en zie ik waar de smerige, doordringende geur vandaan komt. Aan de overkant van de straat staat een aantal marktkramen vol kratten met vissen erin. Grote, rode vissen met uitpuilende ogen, lange slierten vissen die nog kronkelen in het ijs, dikke kreeften met krabbelende poten. Afgehakte hompen vis, waar een bordje bij staat: verse tonijn. Verse tonijn, ik ken alleen maar de blikjes tonijn in tomatensaus, die mijn opa gebruikt als hij tonijnmousse maakt.
Zal ik oversteken, om vlak langs de viskramen te lopen? Maar dan wel met mijn neus dicht. Brrr, maar het is ook superspannend om al die exotische vissen te zien.
Toch blijf ik aan de andere kant van de straat lopen, terwijl ik stiekem naar die enge vissen kijk. Had ik dat maar niet gedaan!

muzikant	Hé, mijn eigen verdiende geld!
Hachi	Sorry, zal ik het oprapen voor u?
muzikant	Heb ik de hele ochtend voor lucht staan spelen!
Hachi	Ik raap het voor u op.
muzikant	I love you, I love you, I love you. Maar wel teruggeven, niets in je zak steken.
Hachi	Nee, wat denkt u, waarom zou ik?
muzikant	Ik vertrouw niemand meer, gisteren hebben ze ook al mijn geld gejat.

Hachi raapt al de muntstukken op die op de straat liggen. Ze
graait tussen lege patatbakjes, platgetrapte sinaasappels, stukjes
bedorven groenten, een bananenschil.
Ondertussen zingt de muzikant een lied voor haar. Hij speelt
op zijn gitaar en blaast op een mondharmonica, die hij aan een
beugel om zijn nek heeft hangen. Aan zijn voeten heeft hij belletjes
gemaakt en als hij stampt, lijkt het net of hij ook een drumstel
heeft.
Hachi staat op en gooit de muntstukken terug in de hoed, die ze
zojuist had omgeschopt.
De muzikant stopt met spelen.

muzikant	Dat is niet toereikend! Je ontvreemdt geld.
Hachi	Nee hoor, helemaal niet.
muzikant	Wel waar, je moet mijn geld teruggeven!
Hachi	Nee meneer, heus niet.

De muzikant zwaait woedend met zijn arm door de lucht. Het
liefst wil Hachi nu wegrennen, maar kan ze dat wel doen? Straks
komt die muzikant haar achterna.

muzikant	Houd de dief!
Hachi	Ik ben geen dief.
muzikant	Wel waar, ik word bestolen!
Hachi	Nee meneer, echt niet. Speelt u nu maar verder. Ik zoek mijn moeder.
muzikant	Dat zeggen ze allemaal.

De muzikant, met zijn kapotte jas en belletjes aan zijn schoenen, loopt naar Hachi toe. Hij wil haar vastpakken, maar wordt tegengehouden door een meisje dat hem roept.

Mee

muzikant

Hachi Emina

Ik draai me om en zie een meisje staan. *Ze draagt een gekleurde
hoofddoek, en daaronder, strak over haar voorhoofd, zit nog een
doek. Haar ogen schitteren zo prachtig in de zon, dat ik haar meteen
leuk vind.*
*Het komt het beste uit als de muzikant en Emina door dezelfde
persoon worden gelezen. Lees de muzikant maar voor als een klein,
verongelijkt kind. En Emina? Dat mag je helemaal zelf invullen.
Bedenk erbij dat ze in Amsterdam is geboren en dat haar opa en oma
Turks zijn.*

muzikant	Ze steelt mijn geld!
Hachi	Nee meneer, echt niet.
Emina	Laat hem maar praten, hij is iedere dag bang dat zijn geld ontvreemd wordt, maar dat gebeurt nooit of te nimmer.
	Charlie, laat haar met rust, ze pakt je euro's niet.
	Wil je nog een keertje voor me zingen?

Zo plotseling als de woede bij de muzikant opkwam, zo abrupt is die ook weer verdwenen. Hij zet zijn lippen op de mondharmonica en begint te spelen. Emina schiet in de lach.

Emina	Dat speelt hij altijd voor me. Hij kan niets anders spelen dan dit nummer. Hoe heet je?
Hachi	Hachi.

Emina lacht weer, haar bruine ogen worden nog mooier.

Emina	Dat is toevallig, ik heet Hachid van mijn achternaam, dat is bijna hetzelfde.
Hachi	En wat is je voornaam?
Emina	Van voren heet ik Emina!
Hachi	Mooie naam.
Emina	Waar kom jij vandaan? Je hebt zo'n grappig accent.
Hachi	Uit de Achterhoek.
Emina	Welke hoek?
Hachi	De Achterhoek, ken je dat niet?
Emina	Nee, is dat raar?

De muzikant speelt ondertussen weer zijn melodietje. Als hij zingt, doet hij het zo hard, dat het niet meer helemaal zuiver is. Mensen lopen voorbij en sommigen gooien een muntstuk in zijn hoed.

Hachi	Waar woon jij?
Emina	Verderop, bij de Bazar.
Hachi	De bazar, dat is toch een soort winkel in Turkije?
Emina	Ja, in Istanbul is het een immens omvangrijke, overdekte markt.
Hachi	Kom je daar vandaan?
Emina	Waar?

Hachi	Uit Istanbul?
Emina	Nee, ik kom uit Amsterdam!

Hachi loopt over de markt met Emina mee. Als het te druk wordt, glippen ze tussen twee marktkramen door en gaan ze langs de etalages, op de stoep lopen. Ze omzeilen dozen en andere spullen, die voor de winkels staan opgestapeld. Bij alle winkels en huizen staan mensen buiten en Emina begroet ze allemaal.
Hachi zegt niets. Nog nooit is ze meegelopen met een meisje dat een hoofddoek draagt. Bij haar in het dorp zijn er niet veel meisjes met een hoofddoek. Er werken op vrijdagavond en zaterdag twee meisjes bij de supermarkt. Ze zijn altijd heel aardig, maar toch dacht Hachi altijd dat ze anders waren, door de hoofddoek. Alsof ze verstopt waren en niet tevoorschijn wilden komen. Maar nu loopt ze met Emina mee en die huppelt en roept iedereen goedendag en zegt tegen de muzikant dat hij aardig moet doen. Emina is een stoer, vrolijk meisje, net zoals Hachi is, in haar eigen geboortedorp. Maar dat je midden in Amsterdam, op een drukke markt, bij een malle muzikant, ook zo stoer en vrolijk kunt zijn, dat vindt Hachi wel superdapper!
Hachi en Emina lopen een poort in, en wat Hachi dan ziet, lijkt wel uit een sprookje van Duizend-en-een-nacht te komen.

Emina	We zijn gearriveerd.

Sprookje van Duizend-en-een-nacht

Hachi   Emina   Saim

I k weet niet waar ik het eerst moet kijken, er zijn zoveel mooie
dingen tegelijk! Voor me staat een ronde bar die is volgeplakt met
felgekleurde en platgestampte blikjes. In die blikjes heeft vis gezeten, of
limonade, of plakjes vlees. Aan het plafond hangen prachtige oosterse
lampen.
Voor de rolverdeling is het het handigst dat in dit hoofdstuk Hachi ook
de rol van Saim leest. Maak er maar een lekkere pestkop van.

Emina	Fantastisch, hè, en dan te bedenken dat het oorspronkelijk een kerk was.
Hachi	Is het hier daarom zo hoog en hol?
Emina	Ja. Wat vind je van de muren? Die hebben mijn twee ooms uit Turkije zelf geschilderd.

Hachi ziet rechts een prachtige, rode tegelmuur waar roze en gele en blauwe bloemen en vogels op zijn geschilderd. Achter de ronde bar staat een man met een grote snor en een dikke buik. Zodra hij Emina ziet, begroet hij haar hartelijk. Hij heeft een diepe basstem, alsof de klanken ver weg uit zijn dikke buik komen.

Saim	Emiiiiiina!
Emina	Saiiiiiim!
Saim	Goed dat je er bent, kun je dadelijk sinaasappels persen. Ik weet niet wat het is, maar vandaag bestelt iedereen verse jus d'orange.
Emina	Dank je de koekoek, ik heb pauze.
Saim	Ah, kom op, het is zó druk. Dadelijk mag je weer uitrusten op school.
Emina	Uitrusten, pfff, ik moet nu bijkomen van al het geploeter, dus kan ik je niet helpen.

Saim kijkt alsof hij heel verdrietig is, maar Emina en Hachi zien dat het gespeeld is.

Emina	Nou vooruit, voor een bahgrir.
Saim	Dan moet je bij je opa zijn, die staat in de keuken en bakt zich gek aan de duizend-gaten-flensjes.
Emina	Dan pers ik ook geen sinaasappels voor jou op je nieuwste halfelektronische sinaasappelpers.

Emina trekt Hachi mee naar de trap.

Emina	Gauw, anders moet ik een uur sinaasappels persen.
Hachi	Is hij nu boos?
Emina	Nee joh, we maken grapjes samen.
Hachi	Wat is een ba... huppeldepup?
Emina	Dat is een Algerijns gerecht; het is een pannenkoekje met boter en honing. Heeeerlijk. Mijn opa maakt allerlei gerechten uit de Arabische keuken. Het ene gerecht komt uit Turkije, een ander uit Tunesië of Marokko, en die pannenkoeken zijn uit Algerije. MMMMMM!

De meisjes lopen naar boven, waar een smalle verdieping in het hoge gebouw is gemaakt. Langs de prachtige tegelwanden staan tafeltjes en stoelen. De balustrade van de verdieping is ook al zo prachtig. En dan alle grote, gekleurde lampen! Hachi wordt helemaal warm van binnen, zo prachtig is het in deze oude kerk. Emina kijkt over de balustrade en zwaait naar haar oom.

Saim	Heb je een nieuw vriendinnetje meegenomen?
Emina	Inderdaad, Hachi.
Saim	Wie?
Emina	Laat maar!

De meisjes lopen weer verder. Aan alle tafels zitten mensen te eten van sierlijk beschilderde borden vol heerlijk geurende gerechten. Dit restaurant zou haar moeder fantastisch vinden.

Hachi	Wacht even.
Emina	Waarom?

Hachi	Ik wil kijken of ik mijn moeder zie. Misschien is ze hier wel even neergestreken om iets te drinken. Ik ben ervan overtuigd dat mijn moeder het hier prachtig zal vinden.
Emina	O ja. Hoe ziet ze eruit?
Hachi	Ze is blond en heeft een paardenstaart.
Emina	Heel anders dan jij. Ik dacht dat je Chinees was.
Hachi	Dat dacht je dan fout.
Emina	O, sorry hoor, ik wist niet dat je meteen geïrriteerd zou zijn.
Hachi	Nee, maar iedereen denkt dat ik Chinees ben, en dat ben ik niet!!
Emina	Dáár!
Hachi	Wat?
Emina	Je moeder!
Hachi	Ja!

De meisjes draaien zich om en lopen snel dezelfde weg weer terug. Beneden bij de bar staat Saim de sinaasappels te persen.

Emina	Waar is ze?
Saim	Wie?
Emina	Die mevrouw met dat witte haar.
Saim	Bedoel je haar?

Saim wijst op een vrouw, die met een dienblad met glazen erop wegloopt. Ze heeft een blonde paardenstaart en draagt een felrode leren jas.

Hachi	Die? Dat is ze niet.

De Bazar

mama

Saim

N adat mama de Albert Cuypmarkt heeft volgekladderd met pijlen en de naam van Hachi, is ze halverwege de markt gekomen en hoort ze vrolijke Arabische muziek uit een gebouw schallen. Tussen twee marktkramen is een flinke opening en als ze daar langs loopt, staan twee oude kerkdeuren geopend om haar welkom te heten. Mama gaat naar binnen, maar in de deuropening blijft ze staan en legt haar hoofd in haar nek. Boven in de immense ruimte hangen enorm grote lampen. Kon ze die thuis maar hebben! Maar dan zou vast het plafond naar beneden komen!
Het lijkt alsof ze is aangekomen in Istanbul, een grote stad in Turkije, met prachtige theehuizen, de overdekte bazaar, vrolijke muziek en honderden soorten tegels.

Saim	Mevrouwtje, kan ik u helpen?
mama	Mevrouwtje? Wilt u dat alstublieft nooit meer zeggen? Dan ben ik al een heel eind geholpen!
Saim	Ho ho ho, mevrouwtje, hebt u stress? Neem een lekker glaasje muntthee.
mama	TJE, TJE, TJE. Wat denken jullie Amsterdammers toch, meneerTJE?

Saim	MEVROUW. Hoort u me? Mevrouw, kom binnen in onze warme, exotische huiskamer en laat u verwennen. Neem een glas muntthee en een lekker bahgrirtje van onze topkok. Zo kunt u zich geheel ontspannen.

Mama zucht. Ze zoekt met haar ogen naar een lege plek in het restaurant en kijkt ondertussen of ze Hachi ziet. Ze kijkt boven, beneden, op de trap.

mama	Meneer, hebt u toevallig mijn dochter gezien?
Saim	Toevallig niet, maar misschien ook wel. Ik weet niet wie uw dochter is, hoe heet ze?
mama	Hachi.
Saim	Wie?
mama	Ja, hihi. Hachi, heel leuk meneer.
Saim	Ja, die heb ik zojuist ontmoet.

In de keuken

Hachi   Emina   Onan

De opa van Emina lijkt sprekend op oom Saim. Hij heeft net zo'n warme basstem en zijn snor is mogelijk nog langer dan die van Emina's oom. In de keuken staat een grote tafel waaraan wel tien mannen zitten te eten. Op de tafel ligt gekleurd zeil en daarop staan verschillende schalen met eten.

In dit hoofdstuk spreekt opa eerst met Emina. Laat Hachi deze opa lezen.

En als opa met Hachi gaat praten, neemt Emina zijn stem over.

Onan	Hé meisje, heb je weer een nieuw klasgenootje?
Emina	Nee, ik heb haar gevonden.
Onan	Gevonden?
Emina	Ja, ik kwam haar tegen op de markt, ze is haar moeder kwijt.
Onan	Dat is niet zo best.
Emina	Mogen we een bahgrir?
Onan	Mag het van oma?
Emina	Ik ben van school rechtstreeks naar jou gegaan, dus dat weet ik niet.

Onan	Nou vooruit dan, één pannenkoekje, dan naar oma en daarna bliksemsnel weer naar school. En jij, hoe heet jij?
Hachi	Hachi.
Onan	Hachi, ik ben Onan, de opa van Emina.
Hachi	Ik zie hier alleen maar mannen, waarom is dat?

De opa van Emina schiet in de lach en de andere mannen ook.

Onan	Alle vrouwen werken buitenshuis, en oma legt de kleine kinderen in bed. Moet jij niet naar school?
Hachi	Nee, we hebben vandaag een studiedag.

Nu moeten alle mannen opnieuw lachen.

Onan	Een studiedag? Studeren doe je toch op school? Dan heb jij zeker een snipperdag?
Hachi	Ja, de juffen en meesters moeten studeren.
Onan	Ah, ja.

De meisjes gaan bij de mannen aan tafel zitten. Hachi krijgt een bordje en schept de verschillen gerechten op. Ondertussen bakt de opa van Emina een paar dunne flensjes.

Emina	Smaakt het je?
Hachi	Verrukkelijk ... maar hoe vind ik mijn moeder terug?
Emina	Zal ik je helpen?
Hachi	Maar je moet toch naar school?
Emina	Ga je met me mee?
Hachi	Waar naartoe?

Emina Naar school, kom je lekker naast me zitten! Ze zullen hun ogen uitkijken, bij mij op school.

Zoeken

mama

Saim

Mama stuitert bijna op en neer, voor de bar van Saim. Ze is nu ten einde raad en gaat daarom heel hard praten. Saim wordt daardoor juist steeds rustiger.

mama	Waar hebt u mijn dochter gezien?
Saim	Op de plaats waar u zich nu bevindt.
mama	Wanneer?
Saim	Net, ze is net weg.
mama	Waar is ze naartoe?

Saim wijst naar boven. Mama wacht geen seconde; met twee treden tegelijk rent ze de trap op. Boven loopt ze met grote passen over de verdieping. De prachtige, gekleurde lampen ziet ze niet, het eten ruikt ze niet. Mama heeft alleen maar oog voor haar zoekgeraakte dochter. Maar zelfs na twee keer over de hele verdieping te hebben gelopen, vindt ze haar dochter niet. Mama blijft staan, ze legt haar handen op de balustrade en roept naar beneden.

mama	Meneer! Ik kan Hachi nergens vinden. Weet u zeker dat ze hier is, vergist u zich niet?!
Saim	Mevrouw, kom weer naar beneden, ontspant u zich even, dan zal ik het uitleggen.
mama	Ontspannen, meneer, ik sta zowat te hyperventileren!
Saim	Ademt u maar eens heel diep in en uit. Kijk eens, een lekker glas muntthee, gratis van de zaak, om u een beetje te kalmeren. Niet meteen gaan drinken, dan verbrandt u uw lippen. Vertel eens, hoe ziet uw dochter eruit?
mama	Zwarte haren.
Saim	Net als mijn nichtje.
mama	Steile haren.
Saim	Niet net als mijn nichtje.
mama	U praat in raadselen.
Saim	Net als een sprookje uit Duizend-en-een-nacht.
mama	Ja ja, doe maar alsof het allemaal een sprookje is. Meneer, mijn kleine lieverd is zoek en ik heb de zenuwen.
Saim	Uw dochter is misschien met mijn nichtje mee naar haar grootvader.

mama	Waar naartoe?
Saim	Naar haar opa, lekker pannenkoekjes eten.
mama	Nee, dat doet mijn dochter niet. Ze gaat echt niet met vreemden mee om pannenkoeken te eten.
Saim	Dan kent u uw dochter nog niet. Drinkt u uw muntthee op en ga dan weer naar boven. Aan het eind van de zogenaamde overloop is een toegang tot de keuken. Klop op de keukendeur en gaat u naar binnen. U treft er alleen maar mannen, en uw dochter, waarschijnlijk.
mama	Alleen maar mannen? Eropaf!

Naar school

Hachi

Emina

Emina en ik nemen afscheid van de heren in de keuken. We nemen de achteruitgang en komen in een gang. Als we de trap af gaan, komen we in de huiskamer van Emina. Emina zegt haar oma goedendag en stelt mij aan haar voor. Maar we moeten meteen weg, anders komen we te laat op school. We gaan naar buiten. In de smalle straat waar we terechtkomen, is geen spoor meer te bekennen van de drukke markt.

Hachi	Waar is de Albert Cuyp nu?
Emina	Achter dit huizenblok.
Hachi	Wat gek, je hoort hier helemaal niets meer. Dit is een doodnormale straat, net als bij ons in het dorp.
Emina	Ja, mensen denken vaak dat het in de stad alleen maar enorm druk is, maar dat is helemaal niet altijd het geval.

De meisjes lopen door een aantal smalle straten en komen bij een park aan. Daar moeten ze doorheen lopen om bij Emina's school te komen. Hachi houdt haar pas in. Ze wil iets vragen, maar durft het niet goed.

Hachi	Is het nog ver?
Emina	Nee, de Ceintuurbaan oversteken en dan zijn we er bijna.
Hachi	Hoe komen we dan terug?
Emina	Gewoon ... weer terug lopen.
Hachi	Maar ik kan niet de hele middag bij je blijven.
Emina	Waarom niet?
Hachi	Vanwege mijn moeder!
Emina	O ja. Joh, ga eventjes mee, dat is gezellig.
Hachi	Waarom?
Emina	Nou, een meisje helemaal van de andere kant van het land, dat zien we niet dagelijks.
Hachi	Is dat dan te zien?
Emina	Nee.
Hachi	Nou dan.
Emina	Ga je mee?
Hachi	Ik denk toch maar dat ik terugga.
Emina	Ah joh ...
Hachi	Nee, ik ga terug.
Emina	Waarom?
Hachi	Mijn moeder!
Emina	Kom je dan een andere keer?

Hachi wil wel 'ja' zeggen, maar ze wil eerst iets weten. Als ze om zich heen kijkt, ziet ze heel veel jongens en meisjes naar school lopen.

Hachi	Dragen alle meisjes op jouw school een hoofddoek?

Emina glimlacht.

Emina	Ja, bijna allemaal, vind je dat vreemd?

86

Hachi bloost. Ze durft geen 'ja' te zeggen. Ze vindt het niet heel raar, maar ze heeft nog nooit eerder zoveel meisjes met een hoofddoek gezien.

Hachi	Is dat niet ontzettend warm?
Emina	Juist niet, de zon op je dikke haren is veel warmer. Wil je daarom niet mee?

Hachi bloost alweer.

Emina	Nou, we zijn heel alledaags hoor, gewoon normaal.

De meisjes wisselen hun e-mailadressen uit en beloven elkaar plechtig om af te spreken als Hachi weer thuis is.

Emina	Kom je nog eens langs?
Hachi	En jij bij mij in de Achterhoek?
Emina	Ja.
Hachi	Ja.

Emina loopt verder door het plantsoen en Hachi keert terug naar de Albert Cuypmarkt.

Emina	Doei.
Hachi	Doei.
Emina	Doei!
Hachi	Doei!

Hachi!

mama

Onan

*M*ama is naar boven gegaan en staat voor de deur waarop ze moest kloppen. Net als ze dat wil doen, gaat de deur open en komt de opa van Emina naar buiten gelopen.

mama	Dag meneer, bent u de opa van het nichtje van die meneer? Hebt u mijn dochter gezien?
Onan	Uw dochter?
mama	Ja, mijn kind!
Onan	Uw kind?
mama	Ja, Hachi!
Onan	O ja, Hachi. Hihi.
mama	Kent u haar? Weet u waar ze uithangt?
Onan	Ze is naar school.
mama	Naar school? Dat is onmogelijk, ze heeft een studiedag!
Onan	Ja, op school.
mama	Nee, niet op school.
Onan	Mevrouwtje, luister eens, kalmeer.
mama	Waarom noemt iedereen me toch mevrouwTJE?
Onan	Waarom?

mama	Daarom!
Onan	Mevrouw, uw dochter is met mijn kleindochter mee naar school.
mama	Ik geloof dat ik onwel word.
Onan	Kalm maar, mevrouwtje, gaat u even zitten, dan babbelen we rustig door.

Mama laat zich in een fauteuil zakken en wist met haar hand de zweetdruppeltjes van haar voorhoofd.

mama	Niks meer bedaard babbelen, ik wil er nu naartoe!

Verder

Hachi

Joeri

Als ik weer op de Albert Cuypmarkt kom, zie ik een pijl. En nog één en nog één. Soms staat er een letter bij, of meerdere.

Met mijn hoofd voorovergebogen loop ik over straat en lees hardop.

Hachi   H – A – CH – I Hachi! Mama!

Ik loop verder. Soms is een pijl bijna uitgeveegd en soms is een pijl nog helemaal intact. Na een tijdje stoppen de pijlen, maar ik loop verder. Langs de Bazar, langs de stinkende vissen die me met hun uitpuilende ogen doods aankijken, langs de Vietnamese loempia's, tot aan het einde van de markt. En nu, weer terug? Zo blijf ik heen en weer lopen. Blijven wachten? Straks staat mama aan de andere kant van de markt op me te wachten. Dat kan zo nog wel enkele uren duren. Bah, wat een rare dag.

Misschien moet ik weer teruggaan naar het station en daar, op het perron van de trein richting het oosten wachten. Ja, dat is misschien de beste oplossing. En dan moet ik snel zijn, want mama heeft misschien hetzelfde bedacht. Dan staat ze nu al op het

perron en neemt alvast de trein terug naar huis.
Welke kant moet ik ook alweer op? Moet ik lopen of met de tram?
Maar ik heb geen geld ...

Dan word ik tegengehouden door een groepje melige toeristen.
Het zijn jonge Nederlandse mensen. Een jongen komt naar me
toe, hij ziet er lachwekkend uit, met een overdreven hoed op zijn
hoofd, en zwierige bloemenslingers om hem heen. Om alles wat
hij zegt, moeten de anderen lachen en daarom moet hij weer
lachen.

Joeri	Meisje, goedendag, hallo, ho hi!
Hachi	Hallo?
Joeri	Mag ik jou uitnodigen?
Hachi	Waar is het station?
Joeri	Dat verlangde ik niet van je. Ik wilde je vragen ...
Hachi	Maar ik wel, waar is het?
Joeri	Dan moet je die richting op, geloof ik. Ga je met de benenwagen of met de tram? Dan moet je aan de overkant van de boulevard opstappen. Maar wat ik vragen wilde, wil je alsjeblieft een foto van ons nemen? En hoe heet je eigenlijk?
Hachi	Ik heet Hachi, en waarvan moet ik een foto maken?
Joeri	Van ons allemaal, of van mij alleen, haha.
Hachi	Waarom?
Joeri	Omdat we dat amusant vinden ... toch, vrienden?
Hachi	Ik kan geen foto's maken.
Joeri	Zo ingewikkeld is het niet. Eenvoudigweg op het knoppie drukken, hahaha.
Hachi	Maar ik moet doorlopen, ik zoek mijn moeder.
Joeri	Waar is ze gebleven?

Hachi	Dat weet ik dus niet, ANDERS ZOU IK HAAR NIET ZOEKEN!
Joeri	Nee, daar heb je gelijk in, hahaha!
Hachi	Daar is de tram, ik moet rennen!
Joeri	Maar de foto dan, waarvoor we ons zo weelderig hebben uitgedost?
Hachi	Zoek maar iemand anders, er lopen hier voldoende mensen rond! Ik moet opschieten, de tram rijdt al verder.
Joeri	Wacht even!
Hachi	Nee, ik ga hollen, misschien kan ik bij de volgende halte nog opstappen.
Joeri	Kunnen we je helpen?
Hachi	Een andere keer misschien! Mama!!!

Hachi is nu zo ver weggerend, dat ze Joeri en zijn vrienden niet meer kan horen. Ze wacht bij de drukke Nassaukade op het groene voetgangersstoplicht. Als ze kan oversteken, rijdt de tram ook verder. Hachi rent, kijkt uit, en loopt naar de tramhalte. Maar het stomme ding rijdt voor haar neus weg. Wanhopig kijkt Hachi om zich heen. Wat moet ze nu doen?

De boot in

Hachi

zangeres

Ik loop een stukje verder door. Als ik een druk kruispunt ben overgestoken, blijf ik op de brug over een gracht staan. Ik kijk in het water dat met kleine golfjes voortkabbelt. Vanzelf komen de tranen. Uit alle macht slik ik ze weg. Ik ga hier toch niet een potje staan janken!
Eén van jullie leest Hachi en de ander de zangeres. Het koor zing je samen.

Hachi   Mama!

Dat klinkt lekker, over het water en tussen de huizen door.

Hachi   Mamaaa! Mamaaaaa!

Uit de verte krijgt ze antwoord. Een koor aan stemmen zingt: 'Mama, laat me niet alleen!'

Hachi   Never nooit niet!
koor   Laat me niet alleen!

Het wordt een vraag-en-antwoordspelletje.

Hachi	Mamaaa!
koor	Waar ben je nououou!

De stemmen komen dichterbij, ze zijn aan de overkant van de brug. De mensen die op de boot staan, zwaaien naar Hachi.

koor	Heb je mijn moeoeoeder gezien?

Hachi helt een eind over de leuning heen om te kijken hoe de boot onder de brug door vaart. Als eerste komt de punt. Daarop staat een mevrouw met een accordeon. Luidkeels zingt ze een regel, waarna andere mensen invallen en meezingen.

zangeres	Sien, heb je mijn moeder gezien?
koor	Ze is helaas verdwenen.
	Vanochtend om een uur of tien
	nam ze ineens de benen.

De boot is nu precies onder Hachi. De zangeres kijkt naar boven.

zangeres	Zong jij over je moesje?
Hachi	Inderdaad.
zangeres	Is ze verdwenen?
Hachi	Ja.
zangeres	Al lang?
Hachi	Ja.
koor	Laat haar een stukje meevaren!
zangeres	Wil je meevaren?
Hachi	Welke richting gaan jullie op?

zangeres	We gaan zingend door de grachten, naar het Centraal Station.
Hachi	Ja!
zangeres	Wat bedoel je?
Hachi	Ik wil meevaren!

De zangeres maant de kapitein tot aanmeren. Hij vaart de boot naar de kant, gooit de motor in zijn achteruit om tot stilstand te komen, en meert keurig langzij aan de wal.
Hachi rent over de brug, het smalle straatje in en springt aan boord. De kapitein geeft weer gas.

zangeres	Wat is je naam?
Hachi	Hachi.
zangeres	Wie?
Hachi	Hachi! Dat is een Japanse naam, mijn achter-achter-achter-opa is Japans en daarom heb ik nog zwarte haren. Maar ik ben súper Hollands.

Het koor zet meteen in, onder leiding van de zangeres.

zangeres	Mijn opa, mijn opa, mijn opa, in heel Europa is er niemand zoals hij.
Hachi	Je moet zingen: in heel de WERELD is er niemand zoals hij, want opa-opa-opa kwam uit Japan.

En opnieuw zet het hele koor in.

Hachi	Wie zijn jullie eigenlijk?
zangeres	We zijn van de politie.
Hachi	Politie?!

Naar huis

mama

Joeri

Mama is met de opa van Emina meegegaan naar de keuken, zelfs naar beneden. De oma van Emina heeft de school gebeld, maar daar was Hachi niet meer. Wel kreeg mama te horen dat Hachi weer was teruggegaan naar de markt. Er zit niets anders op, mama gaat weer op zoek. Ze loopt weer verder over de markt, maar tekent geen pijlen meer op de grond. Wat zou ze moeten schrijven? Hachi, ga terug naar huis, of: Hachi, wacht in de Bazar, of: Hachi, bel papa!
Mama loopt langs de stinkende vissen. Ze zou wel willen stilstaan om ze stuk voor stuk te bewonderen, maar ze moet verder.
Bij de Vietnamese loempia's kan ze het toch niet laten. Ze koopt er een, spuit er een flinke klodder lekkere chilisaus op en neemt een hap. De chilisaus druipt langs haar kin naar beneden.
De markt is voorbij, maar Hachi heeft ze nergens kunnen ontdekken. Mama kijkt naar rechts en naar links, geen spoor van haar dochter. Ze draait zich om en wandelt terug.

Als de loempia op is, en ze haar mond en kin heeft afgeveegd, doet ze het. Wat kan het haar schelen, ze komt hier voorlopig toch niet meer terug!

mama	Hachi! Hachiii! Hachiiiiii!

Mama roept en veel marktkoopvrouwen en -mannen roepen mee.
Over de hele markt schalt de roep.

allen	Hachiiiiiiiiiiiiiiiiii! Haaaaaaaaachiiiii!

Aan het eind van de markt wordt mama aangehouden door een
mallotig uitziende jongeman.

Joeri	Zoekt u Hachi?
mama	Ja, dat hebt u goed gehoord.
Joeri	Ik vermoed dat we haar hebben gezien.
mama	Waar?!
Joeri	Aan de andere kant van de markt, vlak bij de tramhalte.
mama	Hoe weet u dat het Hachi was?
Joeri	Ik vroeg of ze een foto van ons wilde maken, wij gedrapeerd over de brugleuning, hihihi, en toen heb ik ook haar naam gevraagd.
mama	O, en heeft ze foto's genomen?
Joeri	Nee, ze had geen tijd, ze wilde linea recta naar het Centraal Station.
mama	Waar naartoe?
Joeri	Naar het station. Alleen vraag ik me nu af of ik haar de goede richting heb opgestuurd. Hihihi.
mama	Welke kant heb je haar dan opgestuurd?
Joeri	Uuuuuh, die kant op, naar het noorden, geloof ik.
mama	Wat ging ze daar doen?
Joeri	Dat weet ik niet, mevrouw, ze zei dat ze haar moeder zocht.
mama	Ik ga!

Een tram komt gierend tot stilstand. Mama kijkt op en ziet dat het tram 24 is, richting het Centraal Station.

Ze rent weg en zwaait naar de trambestuurder, die de deur voor haar opendoet. Mama springt naar binnen en de tram zet zich direct in beweging. Ze rijden door de Ferdinand Bolstraat. Als mama uit het raam kijkt, ziet ze in een etalage een metershoge taart staan. Op de gevel is geschreven: 'De taart van m'n tante'. Mama zucht. Als ze ooit nog eens met haar dochter naar Amsterdam gaat, dan gaan ze hier taart eten. Als ze ooit haar dochter weer terugziet. Als ze ooit haar dochter vindt.

Mama legt haar hoofd tegen het raam, dat trilt als de tram rijdt. De tram stopt, hij wacht, en rijdt weer verder. Over het kruispunt, over de gracht waar een boot vaart en er luidkeels gezongen wordt. Hoort mama het goed?! Ziet mama het goed?!

mama   Hachi! Stop!

Smartlappen

Hachi

zangeres

Ik was bijna het water in gekieperd toen ik hoorde dat de mensen op de boot politieagenten waren.
Maar ze zijn een dagje uit en dan blijken politieagenten heel gezellige en vriendelijke mensen te zijn. Lees de zangeres maar lekker mal voor. En het koor zing je samen. Verzin je eigen melodie maar.

Hachi	Waar is jullie uniform dan?
koor	Dat hebben we thuis gelaten!
Hachi	Maar als er nu criminelen zijn?
koor	Dan vangen onze Amsterdamse collega's die.
Hachi	Wat doen jullie dan hier?
koor	Ontspannen door te zingen, en nieuwe energie opdoen!
zangeres	We zitten op de smartlappenboot. Dit zijn politiemensen van het korps Limburg-Midden en we maken liederen over wat we hebben meegemaakt en zingen dat met elkaar, ter ontspanning.

Hachi kijkt naar alle dames op de boot. Zijn dát nou politieagenten?

Hachi	Kunnen jullie ondertussen niet toch mijn moeder opsporen?

De dames beginnen meteen weer te zingen:

koor	Sien, heb je mijn moeder gezien?
	Ze is helaas verdwenen.
	Vanochtend om een uur of tien
	nam ze ineens de benen.
	In hempje en in onderbroek,
	met krullers in het haar.
	Mijn lieve moe is zoek.
	Ik voel me nu zo naar.
	Help me, help me, help me Sien,
	mijn moeder die is zoek.
Hachi	Daar!
zangeres	Wat, waar?
Hachi	Mijn moeder!

Eindelijk

Hachi

mama

De boot waarin ik zit, komt met een ruime boeggolf tot stilstand langs de kade.
Ik spring vliegensvlug op de kade.

| Hachi | Bedankt en tot ziens! |
| koor | Vaarwel! |

Meteen zet het koor een volgende smartlap in.

koor	Tabee tabee, zo is het zeemansleven.
	Tabee, tabee, tabee ik kies weer zee.
	Hachi, ik moet scheiden, ik moet weer naar zee.
	M'n schip ligt te wachten, daar ginds op de ree.
	Ik moet weer gaan varen, dat zit in mijn bloed.
	Adieu dan mijn liefste, tabee 't ga je goed.

Hachi zwaait naar de politieagenten, terwijl ze naar haar moeder rent. Mama houdt haar armen wijd open en Hachi springt erin.

Hachi	Mama!
mama	Waar was je nou?
Hachi	Waar was JIJ nou?
mama	In de tram.
Hachi	Ik ook.
mama	Op de markt.
Hachi	Ik ook.
mama	In de Bazar.
Hachi	Ik ook.

Ze zwaaien nog een keer naar de dames in de smartlappenboot die zingend wegvaren.

mama	Wat gaan we doen, terug naar huis?
Hachi	Maar we zijn er net.
mama	Heb je zin in taart?
Hachi	Ja! In de Bijenkorf?
mama	Of bij mijn tante?
Hachi	Mijn tante?!
mama	Ja, volg me maar.
Hachi	Of naar de Bijenkorf?
mama	Wat wil jij, zeg het maar.
Hachi	Taart eten, maakt niet uit waar, als we maar nooit meer ruziemaken.

Mama pakt Hachi's hand vast.

mama	En elkaar nooit meer loslaten!

Wandeling door Amsterdam

Alle plekken die zijn beschreven, bestaan ook echt. Je kunt de wandeling van Hachi en haar moeder zelf ook maken.

Je begint op het Centraal Station en loopt rechtdoor, over het Damrak.
Dan kom je op de Dam en zie je links de Bijenkorf. Rechts, aan het eind van het plein, is het Koninklijk Paleis. Kijk op internet voor de openingstijden.

Als je met tram 24 gaat, kun je naar de Albert Cuypmarkt. Dat is een leuke, gezellige markt, van één lange straat. Midden op de markt, aan je rechterhand, heb je het mooie restaurant de Bazar. De markt heeft veel zijstraatjes. Loop ze in, er zijn daar veel leuke winkeltjes.
Als je even rust wilt hebben, neem je de eerste of tweede straat rechtsaf en loop je een stukje door, totdat je bij het Sarphatipark bent.
De wijk met alle leuke winkeltjes heet de Pijp.

Aan het einde van de markt kun je in de Van Woustraat op lijn 25 stappen, weer terug naar het station.

Heb je zin in een taartje?
Stap dan een halte vóór de Cuyp uit, bij het Heinekenplein. Daar vind je 'De taart van m'n tante', van een bekende taartenbakker van de tv.

En wil je lekker zingen op de rondvaartboot?
Of niet zingen, maar wel varen? Als je het station
bent uitgestapt, en naar de Dam loopt, vind je bijna
meteen aan je linkerhand een opstapplaats.
Veel plezier.
Enne ... verlies je mama niet!

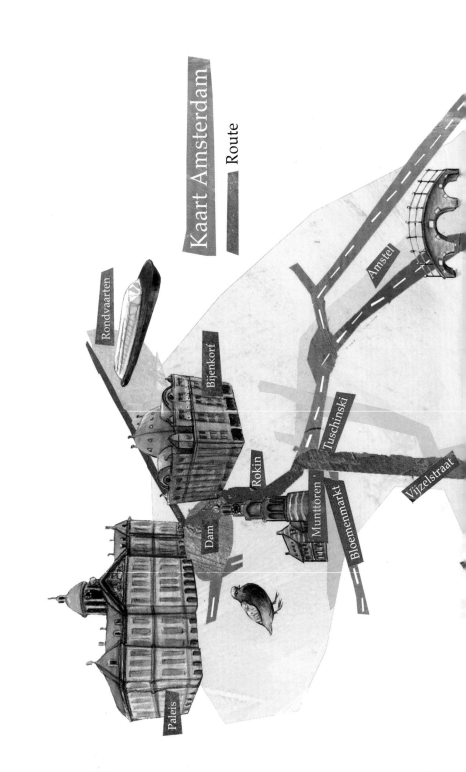

Kaart Amsterdam

Route

Rondvaarten

Bijenkorf

Tuschinski

Amstel

Vijzelstraat

Rokin

Munttoren

Bloemenmarkt

Dam

Paleis

Wie zijn wij? - vervolg

Emina

Een Amsterdams meisje van 12 jaar. Haar opa en oma zijn in Turkije geboren.

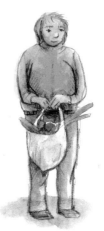

Joop

De marktkoopman. Een rasechte. Hij praat maar door en prijst met een rollende r zijn koopwaar aan.

bakker

Een Turkse, al wat oudere man. Hij heeft nog wel een Arabisch accent, met een harde g.

marktkoop-vrouw

Ook een echte Amsterdamse, die als het moet, de hele markt kan overstemmen.

Onan

De opa van Emina. Een lieve, oudere man.

Saim

De oom van Emina, een vrolijke man die het leuk vindt om Emina voor de gek te houden.